젊을 때 읽어야 하는 경상도 어르신 잔소리 사전

	사	투	리
안		쓴	다
	아	니	
	에	요	?

곽미소 · 곽지혜 · 박규리 · 양다인 · 전경신 · 정소현 · 조지은

여행자—의 책 🔍
TRAVELER'S BOOK

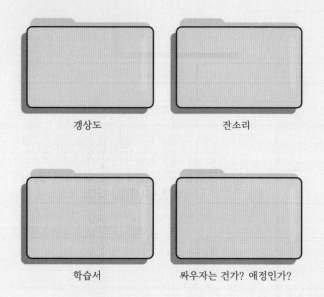

갱상도   잔소리

학습서   싸우자는 건가? 애정인가?

일러두기

글의 1부에서는 경상도 중에서도 특히 대구 어르신들이 자주 사용하시는 잔소리를 단어 중심으로 해석하였다. 지방에서 나고 자란 사람들에게는 자동으로 음성지원이 될 것이나, 낯선 이들에게는 삽화와 예문을 통해 이해를 돕고자 하였다.

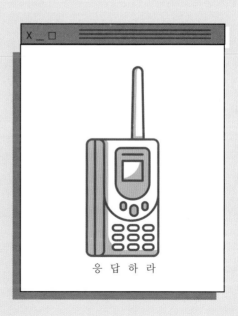

응 답 하 라

개코라 캐라

주로 상대방의 의견을 비하할 때
쓰이는 말로 차라리 저기 있는
개의 코가 낫겠다는 식으로
사용하는 말.
가령 자녀의 옷차림이 마음에
안 들 때, "예쁘기는 개코가 예뻐!
개코라 캐라!"라는 식으로 쓰임.
특히 코 부분에 강한 악센트를
줌으로써 자신의 뜻을 관철시키려 함.

이쁜 것도 썼다
개코라 캐라!

할매~ 내 이쁘나?

이기 어데서 말때꾸를 따박따박하노!
예의를 가차라~ 공가뿌기 전에~

할매, 말대꾸 안하께

공가뿐다이

(주로 다리를) 고이다, 받치다라는 뜻
으로 움직임이 자유롭지 못하도록 고
정시킴을 이르는 말.
식당에서는 "사장님, 여기 탁자 좀 공
가주세요." 정도로 쓰이나, 가정에서
는 지나치게 자유로이 출입하는 자녀
에게 함부로 나다니지 못하게 하겠다
는 뜻으로 쓰임.

*비슷한 말
① 다리 몽대이를 뿌라뿐다
② 대가리 깎아뿐다
③ 조싸뿐다

6

꼶으묵어여

남김 없이 깨끗하게 긁어
먹으라는 뜻으로,
형편이 어렵던 시절에 살아온
어르신들로서는 배를 채울 수 있는
식습관에 대한 조언을 많이
하시는 편임.

*비슷한 말
뭐 뭇노

나도 안조 얼매 안 묵은 걸

'나이도 아직 얼마 안 먹은 것을'
이라는 뜻으로,
주로 어린 나이에
겪게 된 고생스러운 일화를
회상할 때 쓰시는 말.

누가 카드노

사실이면서도 곤란한 입장이
될까봐 극구 부인하고자
하는 말로서
"그 말을 누가 해줬어?" 라는
의미를 지님.

예문)
"너그 엄마 찾으러 여기까지 왔다고 누가 카드노?"
"아지야가 말 안 했다고 내가 모릴 줄 아나?"
— 김주영, 『멸치』, 2002, 문이당

니 누고

누구인지 알지만 오랜만에 만나서
너무 반갑다는 뜻에서
짐짓 모르는 척 건네는 인사.

*비슷한 말
① 이기 누고
② 야가 여 웬일이고

아침에도 우리집에서 만나놓고...

니 누고~ 와 여있노?

이기 누고?
난 시금치 사러 안왔나!

단디 해라

비교적 중요한 일을 앞두고
정신을 바짝 차리라는 뜻으로
넓게 쓰임.
초등학교에 입학해서부터
자식을 낳을 때까지 해마다
덕담으로 듣게 되는 말.

예문)
"단디 해라!"
자칭 디아스포라라고 생각해왔던 나의 신조가 부지불식간에 흔들렸다.
"근본을 따지면 나도 한국 사람이란 말인가요?" "너도 경상도 무스마가 맞다!"
고모님의 마지막 한마디에 나의 정체성을 다시 한 번 생각해보았다.
─김주성, 『한국이 낯설어질 때 서점에 갑니다』, 2019, 어크로스

디다

자신이나 상대방의 육체적 노동을
인정할 때 쓰이는 말로
고된 상태를 공감하고 있음을 의미함.

할매~ 이거
오늘 다 해야 되나?

디다, 고것만 하고
그 다음에 쉬라~

- ㄹ랑가

상대방이 모르는 줄 알면서도
질문할 때 자주 쓰는 말.
대체로 이어지는 대답은
"몰라"로 연결되는 편임.
"너거 엄마는 같이 갈랑가?",
"여윳돈 좀 있을랑가?"

-래이

비교적 기분이 좋거나
어쩌다 다정하게 말씀하실 때만
종결어미로 쓰임.
이럴 때조차 말을 안 들으면
금세 분위기가 돌변할 수 있으니
유의해야 하는 순간임.
"꼭꼭 씹어 먹어래이",
"이제 그카지 마래이"

마카다

전부, 다들, 모두를 의미하는 뜻임.
여럿이 모여 식사를 한 뒤
후식으로 차 종류를 고를 때
경상도 사람들은 주로
'마카다 커피'를 마시는 편임.

〈오늘도 할매의 모닝루틴〉

불로댁은 와 안 오노?
다 식는구만!

아카다 커피제?

머라카노

'다시 말해볼래?' 라는 표현으로
신경이 거슬림을 나타냄.
상대의 말이 무슨 뜻인지 확실히
알아들었으면서도, 반대의 뜻을
드러낼 때 쓰임.

*비슷한말
① 머라캐쌌노
② 뭐 어예?

몬물따

나는 못 먹겠다는 뜻으로
주로 딱딱해서 먹지 못하는
음식 앞에서 하는 말.
해가 갈수록 몬물 것들만 늘어감.

몽디가 어딨노

일부러(주위를 두리번 거리며)
몽둥이가 어디 있지? 라는 뜻으로
어린 아이에게 체벌을
암시하는 듯한 공포를 자아냄으로써
너의 지금 그 행동은 잘못된
것이라는 뜻을 내비침.

*비슷한 말
빨가벗기가 내보낸다

무시라

무서워라의 줄임말로 추정되며
너무 덥거나 추울 때,
힘이 들어 푸념할 때 쓰는 말.

문디자슥

'이 못난 놈아' 라는 의미를
지니면서도 친근하고
애정이 있는 상대에게만
쓸 수 있는 말.

*비슷한 말
미친개이가

예문)
"뭐? 공부하기 싫어서 지랄한다고?
니가 지랄이다 이 문디자슥아! 와? 돈 좀 버니까 세상이 니 알로 보이나?"
ㅡ 영화『변호인』순대국밥집 장면에서

할매~~애애애
내 남친한테 차였다~

아이고
문디가스나야~
뚝해라, 뚝!

뻐뜩하마

툭하면, 번번이,
걸핏하면, 허구한 날
그리고 지내냐는 뜻으로
비아냥대는 속마음이 담겨 있음.

예문)
즈그 아부지는 성질이 그래가 뻐뜩하마 뭐라 카고, 그라이 아아들이
겁을 안 내잖아예. 내는 모다가 카거든.
—최현숙, 『할매의 탄생: 우록리 할매들의 분투하는 생애 구술사』, 2019, 글항아리

할매~ 한잔해~ 한잔해~
갈때까지 달려보자♪

야가와이카노!
요새 삐뚝하마 술주정이고~

시껍먹었다

식겁이라는 단어 자체는
표준어이나, 경상도에서
유독 많이 사용하는 말로서
힘들고 고생스러워서
혼쭐이 났음을 의미함.

할매 오늘 마실간다이~

하... 하... 할매...
시껍먹었다

〈할매의 변신은 무죄〉

씨부리쌌노

궁시렁거리는 말조차
듣기 싫다는 뜻으로,
묵묵히 자숙하며
할 일을 하라는 뜻임.
좀 더 듣기 거북할 경우 앞에
'뭐라 처'를 넣음으로써
강한 억양을 내기도 함.

예문)
"야가 뭐라고 씨부리쌌노! 불난 집에 부채질하나?
가가 지금 우리 집 돌아가는 상황을 모르고 덤비는 기 문젠 기라.
자석들이 애비 일 돕는 기 뭐 대수라고 집까지 나가노.
다 고생을 안 해 봐가 그런 기다. 지지리 고생을 해 봐야지 애비 힘든 거 알제"
— 손현주, 『불량 가족 레시피』, 2011, 문학동네

아-따

아이고! 라는 뜻으로
그 뒤의 말을 하지 않더라도
감탄사만으로 의견을 밝히는
효과가 있음.
매우 흡족할 때도,
좀 그만 하라는 뜻을 비출 때도 쓰임.

엉기난다

지금 벌어지는 일이
이제 그만 진행되면 좋겠다는 뜻으로
지긋지긋하다는 의미를 지님.

*비슷한 말
① 덧정없다
② 몸서리난다
③ 언선시럽다

아 얼굴 다 배리났노

미용실을 다녀오는 등
평소와 달리 나름대로 꾸민
상대방의 기쁨을
확 깎아내리는 말로서,
원래 너의 얼굴은 이렇게까지
못생기지 않았으나
오늘만 문제라는 식의
애정이 듬뿍 담긴 말.

*비슷한 말
① 모온생기가
② 주디는 와 그카노

할매~ 군고구마 먹고 싶어가
불피웠데이~

꼬라지가 이기머꼬.
아 얼굴 다 배리낫노.

오나직에

'오늘 아침에'라는 뜻으로
어르신들에게 언제 했냐고
여쭤보면 대부분
오나직에 했다고 말씀하심.
유독 아침잠이 없어지셔서
해가 뜨면 곧장 하루 일과를
시작해서 정오쯤이면 한나절을
보낸 것과 같음.
학교와 직장에서 바쁜 일상을
보내는 젊은 층과 달리
어르신들의 오전이 얼마나
긴 시간인지 보여주는 예라
할 수 있음.

오나직에 안했나~

할매~ 이걸 언제 다 했노?

오야

오냐를 뜻하는 말로서
상대의 말을 받아들인 뒤
얼른 자신의 말을 덧붙일 때 쓰는 말.

*비슷한 말
그자

우예 사노

생활을 염려하면서 쓰는 말로서
어떻게 생활하는지 궁금하거나,
그렇게 해서 생활이 되겠냐는
걱정을 담아 사용하는 말.
반면 어르신들께 어떻게 사는지
거꾸로 여쭈면 다음과 같은 대답이
돌아옴. "우예 말로 다 하겠노."

*비슷한 말
① 우야노
② 우얄라꼬

예문)
"이래가 우예 사노? 고마 팍 죽었뿌시마 좋겠구마는 죽지도 않고……."
— 김진국, 『나이듦의 길 : 늙음 죽음 자연, 우리가 잊고 사는 것들』, 2013, 한티재

직이뿌까

자꾸 이러면 가만 두지 않겠다는
엄포로서, 강하지 않게
[지이뿌ㄲ…] 정도로
발음하는 것이 핵심임.

*비슷한 말
① 쌔리뿌까
② 발로 주차삐까

저 저 그거 머꼬

할 말이 많으나
신속하게 다음 단어가
생각나지 않을 때,
공백을 메우기 위해 쓰이는 말.

치아라

여러 번 시도해도 안 되는
일에 대한 빠른 결단력을
보여줌으로써, 세상에는
그것 외에도 중요한 일이 많이
있음을 우회적으로 이르는 말.

*비슷한 말
① 마, 고마해라
② 만다꼬

예문)
"치아라, 깡다구는 아무나 부리나. 일마 이거 쌈에는 영 맹탕인기라."
이상재가 자기보다 한 뼘 작은 장경식의 머리를 쥐어 박았다 .
— 조정래, 『한강1』, 2021, 해냄

치아라~ 고마!
살뺄기 어디있노?

할매, 이번엔 진짜 살뺀데이
저녁 안 묵어! 절대~

카이까네

내가 늘 그렇게 말했는데 너는 왜
내 말을 듣지 않느냐는 뜻으로
이제부터라도 내 말을
굳게 믿으라는 뜻.

예문)
거 전문대 나왔다 카이. 과는 모리겠다. 잊아뿟다. 갸도 재주가 좋아예.
○ 우리 아아들이 다 머리가 좋다 카이까네.
딸은 그래가 지끔 딸 둘 놓아 키웠다 카이.
—최현숙, 『할매의 탄생: 우록리 할매들의 분투하는 생애 구술사』, 2019, 글항아리

카이까네~
원래 솜씨가 있다아이가

?

장 맛이 와이래 좋노?

택도 아이다

그것은 영 아니라는 뜻으로
주로 고개를 돌리거나 들며
강조하는 어법으로 쓰임.

예문)
올개 지가 잔 대가리 굴리고 말장난이나 해가
우째 우째 넘어 갔다고 올개가 끝이가, 택도 아이다.
─김진숙, 『소금꽃나무』, 2007, 후마니타스

파이다

별로 마음에 들지 않는다,
좋지 않다는 뜻으로
주로 인상을 찌푸리며 쓰임.

퍼뜩

유독 빠른 것을 요구하는
경상도의 성미상 심부름을
곧바로 가지 않거나
방을 바로 치우지 않는 경우 등에
주로 쓰이는 명령어.

화악

듣는 즉시 하던 일을 멈추고
얼음! 자세를 취하는 것이
바람직한 위기 경보음.

*비슷한 말
① 카악 마
② 고마쌔리마

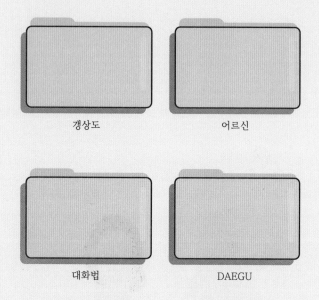

갱상도

어르신

대화법

DAEGU

일러두기

글의 2부에서는 일곱 명의 청년들이 각각 자신에게 가장 애틋한 어르신들과의 인터뷰를 통해
평상시 대화의 단면을 기록하였다. 경상도 말투의 특성상 무뚝뚝하게 들릴 오해를 줄이기
위해 물결 표시나 말줄임표를 예외적으로 허용하였다.

무한반복잔소리중

곽미소의 어르신, 외할머니 이안석

내가 세상에서 가장 사랑하는 우리 외할머니 이안석 님.

작은 키에 마르셨다.
1939년에 태어나신 우리 할머니는 잔소리도 많으시지만
손녀에게 "나도 우리 손녀, 많이 사랑해요~"를 외쳐주시는
사랑 넘치시는 분이다.

주변 분들에게 늘 정이 넘치시며,
집에 오시는 손님을 빈손으로 보내는 일이 없다.
요리도 뚝딱뚝딱 잘 만드신다.
특히 손주들 온다고 명절에는 도토리묵, 콩국 등
손 많이 가는 음식들도 직접 해주신다.

외할머니께서 좋아하는 것은 '외가'이다.
'이 집'이 좋은 이유는 젊을 때부터 평생을 살아오신 곳이라
애착이 많이 가신다고 하신다.
또 돼지고기 수육도 좋아하신다.
내가 해드리는 옥수수콘을 올린 짜파게티도 좋아하시며,
가끔 손톱에 매니큐어를 발라드리면 좋아하신다.

내가 사랑하는 우리 할머니가 오래오래 건강하시면 좋겠다.

사랑하는 우리 이안석 할머니

오래오래 건강하게 곁에 계셔주세요.

사랑합니다.   믹미소

엄마 : (할머니에게 긴 옷을 건네며)비 올 때마다 자꾸자꾸 추
　　　　버진데이.
나 　 : 할머니, 보리떡 맛있어?
할머니 : 본래 할머니 이거 잘 해묵는다, 잘 묵는다.
나 　 : 보리떡?
할머니 : 응.
나 　 : 아, 진짜?
엄마 : 뜨시게 있어야 되지. 바지가 너무 얇다. 함 보자, 바지 있나.
나 　 : 이제 이거 여름 바지라서 집어 넣어야 된다.
엄마 　 : 응, 엄마 바지 갈아 입을래?
할머니 : 어언지(아니), 마. 그냥 입는다. 이거 <u>오나직에(오늘 아</u>
　　　　<u>침에)</u> 입었다. 오나직에 목욕하고 이거 입었다. (엄마가
　　　　잡은 다른 바지를 가리키며) 저거, 저거, 저거는 통이 자
　　　　가가(작아서) 못 입는다.
나 　 : (끄덕이며)으으음.
엄마 　 : 엄마는 그냥 이런 거 입어야 되겠다. (할머니에게 다른
　　　　옷을 보이며)엄마, 내일은 요거 입자. 춥다.
할머니 : 이거 몸빼이네(몸빼 바지네).
엄마 　 : 어, 이거 몸빼이다.
할머니 : 응.
나 　 : 그걸로 입을래? 할머니?
할머니 : 어은지. 안 입을따.
엄마 　 : 엄마, 이거 내일 입어라.
할머니 : 이거 오나직에 입었는데.
엄마 　 : 이제 춥다. 고런 거 입어라. 이런 거는 이제 얇은 옷이고,
　　　　요런 거, 따뜻한 거 요런 거 입어야 된다. (딸을 보며)니

　　　　점심 안 먹었으니 밥 무라. 참, 뭘 좀 뭐 무라.

나　　　: 응, 나 요플레 먹었어.

할머니 : 밥을 묵든동. 밥 안 있나, 밥. 뭘 무라.

나　　　: 할머니, 밥 차려줘.

할머니 : 응?

나　　　: 밥 차려줘.

할머니 : 내가?

나　　　: 어.

엄마　　: 뭐 맛있는 거 있노? 손녀 왔는데.

할머니 : 할매, 채려주는 밥이 묵고 싶어?

나　　　: 응, 할매 차려주는 밥이 묵고 싶네.

할머니 : (호탕하게 웃으시며) 허허, 참나.

나　　　: 어?

할머니 : 그럼 저녁에 차려줄게.

나　　　: 저녁에 뭐 해줄건데?

할머니 : 있는 대로 주지, 뭐.

나　　　: 뭐 있는 지 아나?

할머니 : 모른다.

나　　　: (소리 내 웃음)하하.

할머니 : 감자 찌쳐 놓은 것도 있을 끼고. 미역을 튀겨 났는데. 미
　　　　역 그걸 튀겨가 후라이팬에 싹 식하가. 그래가 통에 넣어
　　　　야 되는데. 그놈을 뜨끈뜨근한 걸 한 덩어리거리져가. 올
　　　　아직에 함 무보이. 입에 넣어보이 찐득한 게. 뚜뚜 구불
　　　　져가 몬물따(못 먹겠다).

나　　　: 아, 바삭바삭 안 하고?

엄마　　: 엄마, 또 더 먹어라.

할머니 : 안, 바삭하고. 그 바삭바삭한대.

나　　 : 원래 말리고 넣으면 바삭바삭하제.

할머니 : 응.

엄마　 : 엄마 침대 한 개 사줄까?

할머니 : 어어어(아니).

나　　 : 왜?

엄마　 : 침대가 안 낫나?

할머니 : 오늘 조사 해가 갔다.

나　　 : 뭘?

할머니 : 나올란가, 안 나올란가. 뭘, 뭐 나온단다.

나　　 : 침대 필요하다 했어?

할머니 : 응.

엄마　 : 오늘 왔다 갔어?

할머니 : 응.

엄마　 : 엄마, 잘 먹어야 돼. 알겠제? 이거 또 무 봐.

할머니 : (손녀에게 권하며) 무. 맛있다.

엄마　 : (딸에게) 무. 뭐 무라.

엄마　 : 엄마, 집에 있으이 좋제?

할머니 : 좋고 말고.

엄마　 : 그래. 병원 안 가고 싶으면….

할머니 : 여기 산만 봐도 마마.

엄마　 : 엄마, 엄마. 엄마.

나　　 : 산만 봐도 좋대.

엄마　 : 엄마, 엄마, 병원 안 가고 싶으면 자꾸 무야 돼. 알겠지?
　　　　사람이, 엄마도 알잖아, 곡기 끊으면 저 세상 가는 기라.
　　　　자꾸 무야 돼. 알겠제? 안 그면 병원 가는 수밖에 없어.

(집에)있어도 도우미 오라 그카고. 이라면 되니까. 엄마
는 자꾸 먹어 줘야 돼. 자꾸자꾸. 요만큼 요만큼. 거실을.
여기가 병원이다 생각하고. 멀리 가지 말고. 거실에서만
운동해. 알았지? 나가지 말고.

엄마   : (할머니께서 간식을 그만 드시는 걸 보며)많이도 안 냈
         는데, 그래서.

엄마   : 누구한테든지 고맙다 고맙다 그카고. 아이고 잘 무따, 이
         카고. 그래라. 알았제? 이런 거 안 사와도 된다. 이카고,
         그런 소리 하지 말고. 아이고 잘 무때이(먹었다).

할머니 : 저, 전원일기 안 틀었는데, 전원일기 나오네.

나   : 어, 딴 거 틀어줄까?

할머니 : 어어어. 마 나도라(놔둬라). 내 전원일기 마이 본다.

나   : 그것도 있다. 이거, 부모님 전상서. (리모컨을 찾으며)
         어디 갔노. 이거 틀어줄까?

할머니 : 응.

나   : 이거 보던 거가?

나   : (TV 속 장면을 보며)쟤 결혼했네? 맞제.

엄마   : 엄마 더 묵지 와.

할머니 : 어은지. 됐어. 맛있게 잘 무따.

엄마   : 그래, 엄마는 한 두 쪽만 딱 주면 된다.

엄마   : (방 한 켠에 있는 과자를 보며) 아따, 과자 많네.

할머니 : 씰떼(쓸 데) 없는 비가 와가지고.

엄마   : 저 밭에 한 번 가봐야겠다.

할머니 : 뭐도(모두 다). 마늘씨를 얼마나 까놓고. 저저저, 마늘
         몬 해가 애가 얼마나 타겠노.

엄마   : 엄마, 요거 내일 입어라. 이제, 춥다.

할머니 : 조(저기) 어디예 여놔라(넣어놔라).

할머니 : (엄마가 잡은 옷을 보며)고 뜨시다(그거 따뜻하다).

할머니 : (엄마가 잡은 옷을 보며)그 너거 갖다 입어라. 대롱그태
　　　　가(옷이 짧아서) 내 안 입는다. 그런 것도, 한두 개가 아
　　　　이다. 몇 개 있다. 그것도 뜨시긴 뜨시다.

엄마 　 : 그래, 뜨신데.

곽지혜의 어르신, 우리 아빠 곽동택

큰 키에 마른 체형, 까만 얼굴의 곽동택 님.
전체적으로 조금 무뚝뚝한 인상인데
속정이 참 많으시다.
항상 여기저기 도움 주고 다니시느라 바쁘고
딸 자랑하는 게 취미고
딸 걱정하는 게 일상이다.

아빠는
낚시가 취미라서 쉴 때면 항상 낚시를 가는데
어디선가 친구를 만들어와 배를 얻어 타고 낚시를 가시거나
낚시 후 친구네 컨테이너를 빌려 주무시고 오곤 한다.

한옥도 좋아하시기에 자주 절에 들러 산책도 즐기는데
스님께 말씀드려 기와를 얻어오거나 주변에 나무들도 주워오신다.
예전에 한옥 수리 인간문화재에 등록도 한 만큼
그걸로 또 뚝딱뚝딱 무언가 만들어 주곤 하는 취미 부자이시다.

딸이 여전히 꼬맹이로 보이는지 아직도 가끔
네잎클로버, 예쁜 돌멩이, 도토리, 솔방울 같은
소소한 자연물을 손질해 선물하는 귀여운 딸바보다.

항상 내 걱정뿐인 우리 아빠 ♡

너무 사랑하고 오래오래 곁에 있어 주세요

#1. 장염에 걸린 딸내미를 위해 유산균을 종류별로 사오신 아빠

아빠 : 유산균 사났다. 챙기무라잉.

나　 : (요구르트맛 유산균을 들며)이것도 유산균 아니가?

아빠 : 지혜 그렇다 <u>카이까네(그러니까)</u> 사라카길러. 편의점에서
　　　 샀는 건데. 아빠 샀는 거 더 비싸다. 비싼 게 안 좋겠나. 암
　　　 웨이꺼. 암웨이께 안 낫겠나. 몰라. (암** 유산균을 들며)
　　　 이게 석달치 되나? 10만 오천원이라 카든데. (요거트맛 유
　　　 산균을 잡아 들며)이거는 그냥 아빠가 인자 2＋1하길러 샀
　　　 어. 무 봐라. 어? 니 자꾸 저 배 아프고 하믄 장 하는 게 그기
　　　 맞다니까. 근데 이거는 찬물로 무라 카든데. 함 읽어봐라.

나　 : (요구르트맛 유산균을 가리키며)이게 맛있어 보여서. 요
　　　 구르트 맛이라서.

아빠 : (웃으며)하이튼 간에 찬물로 태아무라 카드라. 아이? 이거
　　　 꾸준하게 먹어야 된다네?

나　 : 내꺼 일단 다 먹고.

아빠 : 어 먹어라잉. 아이?

#2. 장 보고 오신 아빠

아빠 : 라면 다 뭇제? (이미 확인해놓고 꼭 다시 물어보신다.)

나　　: 어. 다 먹었지.

아빠 : 너구리 사왔다. 너구리. (웃음)허허.

나　　: 너구리? 좋지.

아빠 : 나는 너거 잘 무면 그것만 사온다. 아빠는 뭐 너거 뭐 좋아
　　　 하는지 모르잖아.

나　　: 어어 나도 그거(너구리) 좋아한다. 오빠야도.

아빠 : 3개 사났다. 너구리하고 그 뭐고 요새 느그 잘 묵는 비빔 그
　　　 거 있다 아이가.

나　　: 어. 신라면 그거 말하는 거제.

아빠 : 그래. 그거하고 그거 (웃음)오징어짬뽕. (아빠가 오징어짬
　　　 뽕을 제일 좋아하신다.)

나　　: 좋지.

아빠 : 그래. 챙기무라잉.

나　　: 어 내 밥 잘 챙겨 먹는다. 미역국도 해났잖아.

아빠 : 어 있대. 그거 올아침에 뭇다. 아빠 그것도 사났다. 창란젓.
　　　 그거 1키로 사났다.

나　　: 맞나, 내 사올라 캤는데. 먼저 사왔네.

아빠 : 됐다. 아빠 사오면 되지. 또 뭐 살 거 있음 적어 놔라. 니 저
　　　 잘 적어 놓대.

나　　: 어 적어 놨다. 아빠 케찹도 사났대. 그거 말고는 더 필요한
　　　 거 없다.

아빠 : 그래, 쉬라.

#3. 환절기라 목이 칼칼한 딸내미 걱정하는 아빠

나 : 크흠 큼.

아빠 : 감기 걸릿나?

나 : 아니 목이 좀 간지러워서.

아빠 : 도라지청 저 어디 있다 아이가. 커피 묵지 말고 저거 따뜻
한 물 해가 좀 무라.

나 : 그거 한참 된 거 아이가. 썪었겠는데.

아빠 : 아이다. 그거는 오래 나둬도 무도 된다.

나 : 전에 먹었을 때 좀 쓰던데.

아빠 : 써도 몸에 좋은 기라. 우리는 그 기관지 가족력 있어가 안
좋다이. 꾸준히 무야 된다.

나 : 아빠도 안 먹드만.

아빠 : (뒷머리를 슥슥 긁으며)….

나 : ….

아빠 : 저 매실액도 있다. 속 안 좋을 때 무면 좋다.

나 : 그것도 오래 안 됐나?

아빠 : (약간 발끈하시며) 아이다. 그거는 얼마 전에 갖고 온기다.

나 : 맞나. 보고 생각나면 챙겨 먹으께.

아빠 : 그래, 무라.

나 : 아빠도 좀 챙겨 먹어요. 자꾸 내보고만 카지 말고, 목도 맨
날 큼큼하면서.

아빠 : 그래, 알겠다.

#4. 늦게까지 잠을 잔 딸내미가 조금 한심한 아빠

아빠 : 밥 묵나?

나　 : (부스스하게 일어나서) 아니. 이제 무야지.

아빠 : 어 밥 묵고. 뭐 그래 오래 자노?

나　 : ….

아빠 : 어디 아프나?

나　 : 아니. 그냥 피곤해서.

아빠 : 저 옥상 가봤나?

나　 : 옥상? 왜?

아빠 : 옥상에 저 그 아빠 싸악 정리해놨다. 고추 심어놓은 거 따
　　　 가 무 봤는데 (웃음)하, 그 윽시 맵대.

나　 : 맞나. 아니면 그거 고추반찬 만들지. 아빠 잘하는 거.

아빠 : 그라까. 그거는 매워도 맛있대.

나　 : 어 맛있지.

아빠 : 밥 묵고 함 올라가 봐라잉. 자꾸 누워있으면 안 좋다. 밖에
　　　 도 나가고 해라.

나　 : 어, 할 거 좀 하고 이따 가보께.

아빠 : <u>오야(오냐).</u>

#5. 딸내미가 하는 공부가 궁금한 아빠

아빠 : (방문을 열며) 아빠 왔대이.

나 : 어. 다녀오셨어요.

아빠 : 뭐 하나?

나 : 그냥 공부.

아빠 : (뭐 하고 있는지 슬쩍 보시며)영어 공부하나?

나 : 어 친구들이랑 영어 공부 같이 하고 있다.

아빠 : 그래. 사람은 늘상 배아야 댄다. 아빠는 이제 뭐 하나도 모르겠드라.

나 : 모를 수도 있지.

아빠 : 니는 아직 젊다 아이가. 바짝 배아가 써무야지. 일도 하고. 우리 집안이 머리는 다 좋다. 뭐뭐 저번에 보이까 그 자격 뭐 카믄서 왔든데. 뭐 시험 합격했나?

나 : 어 땄지. 그거는 세무. 뭐 이거는 시험칠라고 하는 거 아이다.

아빠 : 그래. 열심히 해라이. 아빠는 니 항상 뭐 배울라 하는기 보기 좋다.

나 : (딴짓하던 중이라 뜨끔해서 괜히 툴툴대면서)뭐 나는 내 알아서 잘하잖아.

아빠 : 그래. 아빠 뭐 사주까. 젤리 니 좋아하는 거 뭐고 포도리?

나 : 하리보.

아빠 : 그래 그거 하나 사주까?

나 : 사주면 좋지.

아빠 : 그래, 아빠 편의점 가믄서 하나 사오께. 열심히 해라이.

우리 아빠 리즈 시절

박규리의 어르신, 할머니   정성영

시골에 계실 땐 새벽부터 밭일하러 나가시는 부지런한 할머니
지인이 찾아오면 이야기보따리를 풀어놓으시는 할머니
항상 넓은 마음으로 너그럽게 품어주시는 할머니
매 순간 고맙다, 고맙다 말씀하시는 할머니

따뜻하고 정이 많으신 우리 할머니

매일 아침 할머니와 함께할 수 있음에 감사해요.

오래오래 저희와 함께해 주세요.

할머니 : 나 열일곱살, <u>나도 안조 얼매 안 묵은 걸</u>(나이도 아직 얼마
        안 먹은 것을). 내 동생 업고 놀러갔다 옹게 하메 저 어무
        이가 그때는 길혼하모 요 조 빨간 (웃으며)바뿌재를 하나
        내놔여.

나   : 빨간 바구니?

할머니 : 빨간 밥보재이를….

나   : 밥푸레이?

할머니 : (해맑게 웃으며)파 하하 저 밥보재이가 있어, 고론 게.

나   : 뭐 어떤 거예요, 그게.

할머니 : 밥보재이가 있는데.

나   : 밥푸제기?

할머니 : 파 흐흐하하하 밥보재이….

나   : 언제요, 할머니?

할머니 : 인제 안주 클 때, 나 안주 크고 인제, 응. 동생들 업고 놀
        러 갔다 옹게 빨간 바뿌재를 하나 내놔여.

나   : 음~.

할머니 : 그게 인제 뭐, 저거. 뭐라 뭐, 사주 보따리라고 있어. 옛날엔.

나   : 사주보따리?

할머니 : 응, 사주보따리를.

나   : 아, 그게 그거에요?

할머니 : 그걸 하나 내놔여. 그걸 받아났다 카매. 중신애비가 갖다
        났다고.

나   : 중신애비?

할머니 : 응. 고골 그래 내놓, 내놔도. 싫, 가마 있었제 싫다 소리도
　　　　　안 하고.

나　　 : 응~ 그냥?

할머니 : 응. 그래가이, 빨간 밥보재이 그기 인제, 사주 밥보재이
　　　　　라고 그른 게 있어. 그래가이 그글 내놓길래, 그래도 내
　　　　　놓는 갑다 하고 뻐이 보기만 하곤, 놔뒀디 그래. 인제 치
　　　　　고 (딸꾹)그래가이 그게 인제 날을 받아놓은 게 그른 게
　　　　　다 있어.

나　　 : 응~ 날을.

할머니 : 응, 인제 길혼한다고 그른 게, 인제 그 밥보재이에 다 들었어.

나　　 : 밥푸제기 그 안에?

할머니 : 응, 길혼한다. 그른다 하모 나가… 나도 안주 인제 열, 열
　　　　　일곱 살 먹었는데, 얼매 안 먹었어. 그른데 날 받아 가이
　　　　　고, 그 날 적어 가이고. 하메 그 날짜도 다 적어 가이고 그
　　　　　래 해놨어. 그래 가이고, 그래 있다가 봉게 하메 날짜가
　　　　　다서. 참 길혼을. 그때 4월달에 길혼을 했어.

나　　 : 열 일곱 살, 사월달?

할머니 : 엉, 열 일곱 살은 머. 응, 고대 열 일곱 살 되는데.

나　　 : 응.

할머니 : 하… 그래가이 사 월달 돼서 길혼을 하고 그래가이 (쩝)
　　　　　아서 살다보메 고데 그 해 인제 고마, 시집 와 가이고.

나　　 : 응

할머니 : 오던 해 6.25 사변이 났어. (언젠가 다시 누워있던 몸을

　　　　　일으키며)

나　　：결혼, 시집갔는데?

할머니：(눈물이 고인 눈으로 내 눈을 바라보며)엉, 시집 와스 이
　　　　　제 얼마 안 됐는데….

나　　：얼마 안 됐는데?

할머니：6.25 사변이 난리가 나가이고, 총알이 막 날라다 들어오고
　　　　　막 뱅기가 돌아당기고 그래가이고 인제 피란을 간다고 모
　　　　　보따릴 싸가이고 어, 인제 시누하고 시누가 또 같은 기 고
　　　　　래 나하고 나이가 같은 게 있어. 키도 쬬만한 게….

나　　：할머니 시누가, 할머니랑 키도 나이도 똑같고? 키는 작고?

할머니：응. 키는 똥글똥글항게. 응, 키가 쬬만해여. 그래도 고게
　　　　　약빠른 게 그, 인제 시집에 시어머이가 아파가이고 앙것
　　　　　도 못 해여. 밥도 못하고, 빨래도 못 하고.

나　　：응. 시어머니가?

할머니：응. 암것도 못 해이. 그래 가이 내가 와서 인제 빨래같은
　　　　　거 이래하고 그랬는데 고대 난리가 나가이고, 피란 (허
　　　　　공을 보며)하, 이불 뽀태기같은 거 마 보태리를 여고, 피
　　　　　란을 마, 저거 밖으로 여고 나가고 막 그랬어.

나　　：아, 이불 뽀태리같은 걸 들고, 매고.

할머니：이불 뽀태기같을 걸 여고(머리에 이고)가서 시누하고,
　　　　　고로 마 어데 갖다 놓고. 또 만-지고 가고, 그랬어. 그래
　　　　　가이 그 해에 난리가 나가이고 아이고, 아이고.

나　　：할머니 놀랐겠다.

할머니 : 어, 살아도 그래가이 머, 인제 옛날엔 누에같은 것도 맥
이고 이랬었어.

나　　 : 누에?

할머니 : 누에라고 있어, 예….

나　　 : 엉! 할머니 예전에 저랑 누에 얘기했잖아요. 할머니가 그
때, 응.

할머니 : 응, 그른 거….

나　　 : 할머니 그때 누에 아냐고 그랬잖아요. 누에로 막 옷! 옷
만들다고 했잖아요, 할머니.

할머니 : 그그 인제 시집 오던 해에 옹게 누에를 그래 마이 믹있고
마이 해놨어. 그래가이고 인제 뽕을 따다주마, 그그 막
잘 끔으묵어여(깨끗이 긁어먹더구나) 요래 싹싹 긁어먹
꼬. 고래, 첨에 고래가이. 첨에 내 시집오던 날, 그래항게
그기 누에가 그래 잘 됐어, 우에 그른지.

나　　 : 누에가 잘 되어있어요?

할머니 : 응, 누에가 잘 되고, 그래가 그르 인제 조래, 찌푸리인제
내 집 말고 새를 틀어가이고, 그따가 우디 놓고. 딴따이
(단단하게) 지어라– 딴따이 지어라– 이리 이매 올려놓
으마, 꼬츨(누에고치를) 지어가이고 꼭 매달아가이 지어
놔요. 잘 지게

나　　 : 꽃을 매달아놓는다고요?

할머니 : 꼬추(누에고치), 집 지은 거.

나　　 : 아~ 아~.

할머니 : 고걸 잘 지가이고, 고 매달아놓는 건데 고로 내 시집오던 해,
        그르 누미가 거이 올리눙게 그렇게 잘 됐어 누에가.

나   : 아 누우가 잘 됐어.

할머니 : 누에도 잘 되고, 뽕을 잘 긁어먹고, 고로 고래 올리눙게
        또 고오 고치도 잘 짓고.

나   : 음.

할머니 : 그래가이 시어머니가 그래도 고치도 잘 짓고 그랬다고
        좋아그르쓰.

양다인의 어르신, 우리 엄마   미숙

짜장면이고 치킨이고 집에서 만들어 먹이던 엄마 이미숙 님.

막내가 태어나면서 직장 생활을 시작했고,

그로써 막내 건강이 좋지 않다며 눈물을 보이는 분이다.

공부하기를 좋아하고 또 잘해서 주산, 컴퓨터, 직업상담사 자격증을 가지고 있다.

결혼하기 전까진 회계일을 하셨고, 고등학교 다닐 적부터 일하느라

수업 시간 내내 졸았다는 이야기를 종종 하신다.

결혼하면서 일을 관두셨다는 이야기도 함께 하면서

결혼식 전날에 아빠가 엄마한테 장난치느라 계단에서 놀래켜서

팔이 부러졌다는 이야기도 함께 한다. (결혼식 날 깁스하고 있는 엄마, 해맑은 아빠)

그리고 권사님. 보수적이시다.

우물 안 개구리.

엄마가 다해줘서 실은 대학교 가서야 처음 손톱 깎고 '체크카드'를 써봤다.

목소리가 두 개다. 사회화된 엄마 목소리 vs 그냥 엄마 목소리.

실은 더 많은 것 같기도 하고.

큰 사고를 치면 "오 주여"라고 말한다.   원하는 일들이 이루어지길 주님께 빌며

계절을 사랑한다.

봄, 여름, 가을, 겨울.

꽃에 대해 잘 알고 요리도 잘하고,

재봉틀도 잘한다.

자매가 많다.

신혼여행 때,
'언니는 엄마를 닮았고
나는 아무도 닮지 않았다.
고운 사람, 우리 엄마

'엄마가 하던 날_
타자기 치는 젊은 날의
엄마가 보고 싶다.

나는 다음을 분명히 밝힙니다.
1) 특별율이 청구되는 물품의 마지막 궁정이 한국에서 완료 되었습니다.
2) 그 물품의 궁장도 혹은 생산가의 한백반보다 적지 않은 비용이
   한국의 노동 및 자재가 혹은 한국과 오스트메일비아의 노동 및 자재가에
   의해 나타내어집니다.

막내 이모의 편지_
가까이 지내던 막내 이모가
엄마 결혼하고 난 뒤 쓴 편지
"와 우노 그러더라"

우리 가족 중 엄마가 제일 행복했으면 좋겠다.

#1. 그런갑다. 싶은 잔소리

-막내 동생이랑 엄마랑 치킨 먹으면서 나눈 대화-

     일말의 언질도 없이 팔에 타투를 세 개 하고 등장한 나.
     엄마는 애써 외면하지만 딸이 구태여 말을 꺼낸다.

나   : (타투를 보여주며)나 이거.

엄마 : 너 이거 왜 그래 마이 했는데? 한 개만 하던지 하지.

나   : 이제 안 할 거야.

엄마 : 이 지아지나?

나   : 어언지.

엄마 : 무슨 짓이고 이거이거. 한 개 정도만 하면 됐지 뭐 세 개씩
        이나 했어.

나   : 이제 더 이상 안 한다니까.(거짓말1)

엄마 : 야, 웨딩드레스 같은 거 입어봐라. 하얀데 이런 데 이런 거
        있으면 보기 싫지. 선우 니는 하지 마레이. 별로 이쁘지도
        않쿠만은, 자는 걸 그런 거 왜 하는데… 고양이 한 개 정도
        만 하지.

나   : 귀엽지 않아? 이거 나야?

엄마 : 니 자는 걸 그따가 팔에 와.

나   : 잠을 잘 못 자니까.

엄마 : 얼만데 그거?

나   : 다해서? 15만원 엄청 싸게 한 거야.(거짓말2)

엄마 : 지우는 게 문제지 야야.

막내 : 엄마 의외네. 타투 이런 거 하면 화낼 줄 알았는데….

엄마 : 뭐 화내면 지금 화낸다고 이게 지워지나. 니는 하지 마레
　　　이. 알았제. 뭐 이런 걸 왜 하고 돌아다니고 있어. 그냥 스티
　　　커나 한 개 붙이고 다니지.

나 　: 귀엽지?

엄마 : 귀엽기는 <u>개코라 캐라(개의 코가 더 낫겠다)</u>. 너거하고 살
　　　기 힘들다.

나 　: 왜? 나 나가까?

엄마 : 니 먹고 살기도 빠듯한데 어짤건데. 나중에 결혼할 때 엄마
　　　한테 손 벌릴꺼가.

나 　: 안 벌릴 거라고 했잖아. 결혼 안 하면 되지. 고양이 키우고
　　　혼자 살 거다.

엄마 : 야가 머라카노, 야들이 전부 다.

　　　실은 뭐 어떻게 될지 모르는 일이다.
　　　결혼을 할 수도 고양이를 키우지 않을 수도 있다.

그림 : 타투이스트 큐치

#2. 배시시 웃고 마는 잔소리
-TV 보는 엄마 옆에 언니랑 누워서 나눈 대화-

소파에 등을 기대어 TV를 보는 엄마.
집에 돌아와 속옷 바람으로 폼롤러에 누워 목을 문지르는 딸1.
그리고 밖에서 입은 옷 그대로 소파에 앉아 있는 나.

엄마 : 엄마가 집에서 자라 캤제. 허구한 날 밖에서 자면 뭐가 좋노.
딸1, 나 : ….
엄마 : (딸1, 나의 옷차림을 보며)엄마가 전생에 어디 원주민이었
　　　 는갑다. 카이까 너거가 옷을 그렇게 입고 다니지.
나　 : (웃음)
엄마 : 어떻게 된 게 아 셋 중에 누구 하나 집 치우는 아가 없노.
딸 1 : 고마 해라. 치울 땐 치운다.
엄마 : 언제? 전신만신 옷입었던 거 벗어 놓고, 아침에 이불도 안
　　　 개고 나가고.
딸 1 : 알았다.
엄마 : 이제 가을이다. 가을. 옷 좀 따뜻하게 입자. 알았제?
딸 1 : 내 맘이다.

나, 자리에서 일어나 화장실로 걸음을 옮긴다.
'나가 살던지 해야지' 샤워를 마친 나.
물기젖은 머리칼을 털어내며 쇼파에 앉는다.

엄마 : 자들은 와저카겠노. 아이고, <u>무시라(무서워라).</u>
딸 1 : 자들 맘이지. 왜 자꾸 뭐라 카는데 그냥 보면 되지.
엄마 : 내 맘이다.
나　 : 둘이 재밌나?
딸1, 엄마 : (웃음)

#3. 덧붙이는 잔소리

엄마 : 덧정없다. 이 말 모르나?
나　 : 모르는데.
엄마 : 엉기난다. 이거는?
나　 : 몰라. 근데 귀엽다. <u>엉기난다.</u> 엉기 엉기.
엄마 : 안 좋은 뜻이다.
나　 : 뭔데?
엄마 : 질린다.
나　 : 그래도 귀엽다.
　　　질려도 귀엽다.
　　　덧정없다.
　　　엉기난다.

엄마는 아직도 딸1과 딸2에게
색은 다르고 디자인은 같은 옷을 사주곤 한다.

전경신의 어르신, 할머니 　이상남

사랑을 말로 다 할 수 없는 사람, 여리고 소녀 같은 사람
겨울이면 홍조가 올라와 양쪽 볼이 붉어지는 게 참 귀여우시다.
언제나 정직을 강조하시고 검소하게 살아가고자 하신다.
하지만 얼마 전에 37만 원짜리 코트를 사셨다.

아빠를 아바이라고 부르고
엄마를 어마이라고 부르며 매일 한숨짓는다.
내 얘기를 할 때도 한숨짓는다.
할머니는 우리 때문에 늙은 게 분명하다.
궁금한 게 많아 늘 질문이 끊임없다.
가족들 걱정에 늘 동동거린다.
내가 가장 사랑하는 사람.

나도 경상도 사람이라 우둑뚝하게

말해서 미안해。(내 성격이 이렇다)

그래도 내가 젤 사랑해

나 : 여보세요.

할머니 : 어.

나 : 왜?

할머니 : 집이가?

나 : 응.

할머니 : 자고났나?

나 : 뭐가 난다고?

할머니 : 자고 났느냐고.

나 : 어.

할머니 : 어어 어제는 알바했나?

나 : 어.

할머니 : 근데 니 어젠가 아랜가 전화 저녁답에 와 했노.

나 : 아 뭐 두부 두부 먹고 싶어서 전화했는데.

할머니 : 두부?

나 : 응.

할머니 : 아 두부 그라믄 쫄아가 보내줄까?

나 : 어 아니 그냥 구워줘도 돼.

할머니 : 구워가지고 계란 발라가 꾸워줄까?

나 : 으으음 어.

할머니 : 계란 발라가 아래맨트로?

나 : 어.

할머니 : 아래 계란 발란 거 무봤나?

나 : 아니.

할머니 : 닌 안 무봤나?

나　　 : 응.

할머니 : 어어? 그럼 닌 어득째 뭐 뭇노? 아래 반찬도 또 해가 보
　　　　 냈는데.

나　　 : 아, 못 봤어, 나 집에 안 있어.

할머니 : 아, 뭐 알바 또 딴 거 하나.

나　　 : 알바 늘 두 개해.

할머니 : 두 개 뭐?

나　　 : 둘 다 카페야.

할머니 : 토요일, 일요일밖에 안 하잖아.

나　　 : 월화도 한다.

할머니 : 아 월화도 하나.

나　　 : 응.

할머니 : 그라믄 니 용돈은 니 벌어가 쓰나?

나　　 : 응.

할머니 : 실컷 되나?

나　　 : 실컷은 안돼.

할머니 : 실컷 쓸 거는 안되지 사람이 실컷써까 <u>우예 사노(어떻게
　　　　 생활하니)?</u>

나　　 : 방금 물었잖아 할머니가 실컷 쓰냐고. (흥분)

할머니 : 어어 그래 그건 근데 아숩게 해가 또 살아라.

나　　 : 어.

할머니 : 그라믄 두부 어제 일한 거 꾸버난 거 있는데 거다 계란

발라가 새로 사름 붙여가 보낼게 아빠오면….

나　　　: 어.

할머니 : 두부만?

나　　　: 어, 두부만.

할머니 : <u>오야(오냐),</u> 거다 약간 간을 할까? 좀 짭게 먹을래 그냥
　　　　싱겁게 먹을래?

나　　　: 걍 싱겁게 먹을래.

할머니 : 오야, 그라면 그럼 계란만 계란하면서 소금을 약간 넣어
　　　　가 젓어가 계란 입히가 보내줄게.

나　　　: 어어.

할머니 : 그럼 용돈은 필요 없어?(피식)

나　　　: 필요있어. 난 필요없다 한 적 없어.

할머니 : 어, 그라믄 내가 3만원 보내줄게. 아빠오믄….

나　　　: 앗싸.

할머니 : 그래 어쨌든가 재미나게 살아라.

나　　　: 아, 어어.

할머니 : 그래.

할머니표 두부구이♡

정소현의 어르신, 우리 엄마 이 인옥

서글서글한
눈웃음을 가진,

딸 앞에서는
늘 강인한 어머니인 것 같지만,

뒤돌아서서는
휴지를 꼬깃꼬깃 접으며
눈물을 잘 훔치시는 엄마 이인옥 님.

우리 엄마의 다정한 순간

무슨 일이 있어도 내편을 여지 않을 나의 친구,

항상 내 편이 되어줘서 고마워!

#1. 맛있는 사과 고르는 법

엄마 : 사과 맛있제?

나　: 응.

엄마 : 안 깎아줘도 좀 찾아가 좀 묵으라 냉장고에 있는 거, 어?

나　: 싫어, 귀찮아.

엄마 : 니 사과 하나, 사과 한번 깎아봐라. 사과 잘 깎는가 어떤가
　　　요것만 깎아봐라. 이거는 기본적으로 깎을 수 있어야 된다.
　　　안 될 때는 그냥 뽀독뽀독 씻어가 그냥 짜갈라 무.

나　: 아니 근데 초록색보다 이게 더 맛있나? 난 초록색도 맛있
　　　는데.

엄마 : 이, 겉이 이래 꺼칠꺼칠하이 점이 많은 게 맛있다, 사과는.
　　　맛있는 사과다, 이거.

나　: 근데 왜 껍질째 먹으면 안 돼?

엄마 : 이거 물라카면 그, 식초 떨어뜨리가 뽀독뽀독 씻어야 된다
　　　이, 그래야 농약이 날아가지.

나　: 근데 학교에서 그냥 주던데.

엄마 : 그는 뭐 담가가 씻든지 뭔 수가 있겠지.

나　: 믿어도 되는 걸까.

엄마 : 깎을 수가 없잖아.

　　　그거 우예 사과를 일일이 다 깎겠노.

나　: 하긴.

엄마 : 야, 근데 이 사과 맛있다, 그자?

#2. 싫어도 할 건 해야지

나   : 배부르다.

엄마 : 두 개 먹었나?

나   : 응! 세 개 넘게 먹었을걸. 네 개 먹었을걸.

엄마 : 사과 한 개 깎아가 둘이 못 먹으면 우야노.

나   : 우린 밥을 먹었잖아.

엄마 : 먹는 것도 <u>디다(고되다)</u>, 그제.

나   : 아아, 나 진짜 개강 안 했으면 좋겠다.

엄마 : 안 하면 졸업이 늦어지지.

나   : 으아~

엄마 : 할 건 해야 되지.

나   : 그냥 모든 전국의 대학생 졸업 1년씩 늦게 했으면 좋겠다.
       다 1년 쉬고.

엄마 : 나는 걱정된다.

나   : 왜.

엄마 : 백신때메.

나   : 내가?

엄마 : 응.

나   : 엄마 팔 봐봐. 이제 괜찮아? 아 마이 괜찮아졌네.

엄마 : 괜찮아졌제.

#3. 가을 귀뚜라미

엄마 : 한날은 아침에 여 우리 바깥에….

나 　 : 귀뚜라미 있었어?

엄마 : 계속, 찌리리찌리리 울어서 난 뭐가 저게 문이 고장 난 줄
　　　 알고 벌떡 일어났는데 현관 밖이라고. 가을. 귀뚜라미.
　　　 어제 한 마리 들어와가 우는가 봐. 귀뚜라미 소리 어떻게
　　　 우노. 울어봐라. (웃음소리)울어봐라.

나 　 : 아, 어이없어. 알긴 아는데 따라할 수 없다. 귀뚤귀뚤.

엄마 : 귀뚤귀뚤. 귀뚤귀뚤~ 귀뚜라미라 귀뚤귀뚤 그래 안 운다.
　　　 찌리리~ 찌리리~

나 　 : 찌리리도 아이다.

엄마 : 찌리리는 여치.

나 　 : 아무튼 듣기 싫은 소리는 아니고. 아 여치! 여치 이야기하
　　　 지 마. 아오~ 여치 싫어. 아무튼 귀뚜라미 요만하잖아. 진
　　　 짜 빠르잖아.

엄마 : 귀뚤귀뚤, 아인데.

나 　 : 옛날에.

엄마 : 옛날에 들어와가 내 <u>시껍먹었다(혼쭐났다)</u> 아이가. 잡을라꼬.

나 　 : 언제? 우리 집. 여기, 여기 살 때?

엄마 : 가는 안 쉬고 계속 울던데. 연음으로 귀뚤~.

조지은의 어르신, 할머니 **이윤악**

아빠가 고등학생 때
할아버지께서 돌아가셨다고 한다.

할머니께서는 시장에서 식당 등 다양한 장사를 하면서
5남매를 혼자 키우셨다.

옛날에 태어났으면
여장군이었다는 할머니 이윤악 님.

어릴 적에 내가 본 할머니는
무섭고 강렬했던 이미지가 있었다.

지금은 누구보다 인자하신 할머니.

하고 싶은 거
다 하라고
내 편을 들어 주시는 존재만으로
든든한 할머니다.

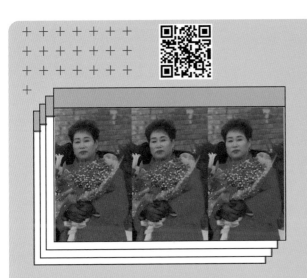

할머니 자랑스러운 손녀가 되고 싶어요.

뭘 하나 배우더라도 단디 배워서 꼭 성공할거예요!

#1. 선물 사 오지 말라고 하셨으면서 좋아하셨던 할머니

나   : 할머니~안녕하세요.

할머니 : 들어온나! 아이고 우리 강아지 이렇게 컸나.

나   : 놀러 왔어요~ 많이 컸죠? .

할머니 : 멀 사 왔노. 사 오지 말라 캤는데.

나   : 할머니 이거 단팥빵~

할머니 : 엉?

나   : 단팥빵이에요, 단팥빵.

할머니 : 아이고 이 사람아, 여 앉아라 여 앉아라.

나   : 먹어요~ 맛있는 거 사 왔어요. (자리에 앉으며)할머니
          내일 생신이라면서요.

할머니 : (인상을 찌푸리면서)누가 카드노(누가 그렇게 말했어)!

나   : 아빠가 캤지! 할머니 내가 화장품도 사 왔는데~

할머니 : 어?

나   : 스킨, 스킨로션.

할머니 : (어깨를 두드리며)말라꼬 내가 그냥 오라 안카더나.

나   : 에이!

할머니 : (화장품 상자를 들며)이거 말라꼬 샀노, 니나 돈 쓰지!
          쯧! 응? 보자 이거 풀어봐라, 보자!

#2. 네 줄 돈은 있어!

할머니 : 야야 밥 묵을래? 밥?

나　　 : 밥이요?

할머니 : 너거 엄마가 미역국 끓여가 보냈드라. (미역국 불을 올리며)뜨사줄께.밥 좀 먹고 아이고 야야 지나쳐도 모르겠다.

나　　 : 하하하하

할머니 : 모르겠다. 하도 오래 안 봐가지고.

나　　 : 계속 일하고 해가지고.

할머니 : 아이고 그래 착실하게 커줘서 고맙데이. 착실히 커줘서 안 그라면 우얄란가 싶은 게, 반찬도 없데이 야야.

나　　 : 아, 할머니 저 반찬은 없어도 돼요. 할머니.

할머니 : 반찬도 없는데 그래도 한 숟가락 묵고 가그라, 택시 불러줄게 타고.

나　　 : 아, 버스 타고 왔어요. 버스 타고 가면 돼요.

할머니 : 버스 뭐!(인상 찌푸리면서)택시 타고 가.

나　　 : 하하하하 아니 아니 괜찮아요.

할머니 : 할미가 돈 줄게.

나　　 : 할머니 돈이 어딨다고?

할머니 : 그래, 없어도 니줄껀 있다.

나　　 : 헤헤헤헤. (자연스레 말을 돌리면서)할머니 김치 맛있더라고요.

할머니 : 하하하, 다 먹으면 캐라 한통 담은 난거 한통 보내고 한

통 추석에 준다고 놔뒀다. 추석에 준다고 너거 무라꼬 내
가 담으갖고(밥을 계속 뜨고 계신다).

나   : 할머니 밥 너무 많아요. 너무 많아요.

할머니 : 저녁 묵고 그래 가그라. 묵고 가야지.

나   : 세상에! 밥 너무 많다.

할머니 : 밥 이것도 안 먹으면 우얄라꼬.

나   : 예? (난감한 웃음)하하하. 너무 많다, 할머니.

할머니 : 먹어.

#3. 영글게 살자

할머니 : 너거 아바이, 어마이 애터주지 말고 말 잘 듣고 해.

나　　 : 에이, 말 잘 듣죠. 할머니 걱정 안 해도 돼요.

할머니 : 우리 강아지들이 이렇게 잘 컸구나.

나　　 : (병원 일이 힘들다고 투정 중)그래서 요즘 힘들어서….

할머니 : 그래, 힘들어도 우짜겠노 해야지.

나　　 : 할머니는 어떻게 일을 했대요? 저는 너무 힘들더라고요.
　　　　 1년 해도 힘들어요, 할머니.

할머니 : 다 그렇다 너거 아바이, 너거 어마이도 점방 그거 힘든다.

나　　 : (부모님께서는 28년째 자영업을 하고 계신다)그렇죠.

할머니 : 내가 장사를 해봤기 때문에 나도(나이도) 오십서이(53)
　　　　 너거 할배 돌아가셨잖아. 느그 아바이 군대에 갈 때 식당
　　　　 하고 했었다.

나　　 : 그때는 혼자 한 거 아니에요?

할머니 : 혼자 했다.

나　　 : 아니, 그거는 어떻게 했대요. 할머니. 저는 일하는 것도
　　　　 너무 힘든데.

할머니 : 식당 하는데 아래 위에 2층으로 돼갔고 위에 갔다 내려
　　　　 갔다 이래 했다.

나　　 : 하….

할머니 : 그래도 우짜노 그래, 그래가 너그 아바이 군대 갔다 오고.

나　　 : 해서 계속 일하다가 기회 되면 다른 일도 생각하고 있고

우선은 계속 병원 하려고요.

할머니 : 그래 니가 처음부터 배운 게 그기라서.

나 : 맞아요.

할머니 : 그래가 좋은 사람 만나갖고 결혼해야 될 낀데, 할매 걱정 이다. 할매가 제일 걱정되는 게 그렇다.

나 : 좋은 사람 만나갖고 결혼하는 거?

할머니 : 응 그럼~. 좋은 사람 만나갖고 결혼해야지 만날 혼자 살 순 없잖아.

나 : 그렇죠.

할머니 : 그럼. 뭐든 간에 한 가지를 배워도 영글게 배워. 배워 가 지고 난제 가서 살더라도 영글게 살아야지.

#4. 매일 운동하는 할머니

나 : (무릎 인공관절 수술을 하셨다)할머니 근데 다리 그때
　　 수술한 거는 괜찮아요?

할머니 : (몇 개월 전에 가정용 적외선 보냈음)다리, 니가 줬거
　　 아침마다 찜질한다. 야야 찜질 저거 하고 약 먹고한다.

나 : 아파가지고 아침마다 찜질하는 거예요. 그러면?

할머니 : 아프진 않아. 아프면 내가 못 다니지. 맨날 할 때마다 니
　　 생각하면서.

나 : 무릎은 얼마나 구부려져요. 할머니 다 구부려져요?

할머니 : 구부러지기는 구부려지지.

나 : 아, 각도는 잘 나온다.

할머니 : 우리 여기 시집에 막내 시누는 저 저 <u>그거 머꼬(그… 뭐
　　 더라?)</u> 말만 이래 했는데 구부리지도 못한다카이.

나　　：그거를 운동을 잘 안 하면 안 구부려져요, 할머니.

할머니 : 증말로 나는 5시에 일어난다. (방에서 부엌까지)여기 서른 번 걷고 자전거(실내자전거 운동기구)백 번 타고.

나　　：운동 꾸준히 하는구나.

할머니 : 11시 되면 너희 아버지 전화받고 동네 한 바퀴 두르고 또 집에 와서 백 번 타고 한다. 하루 동안 꼭 두 번씩 그래 한다. 거기 니 하는데도 아픈 사람 많이 오제.

나　　：아픈 사람 진짜 많아요.

할머니 : 많지, 그래 많다…. 오른쪽 다리 하라 하는 거 안 하고.

나　　：왜 안 했어요. 할머니? 힘들어서 수술하고 나서?

할머니 : 어언지, 이쪽에 해본께 이쪽에 다리하고 허리하고 한날에 했거든? 하나 하고 나니까 덧정 없더라. 그래 잘 안 했어, 안 아픈 게! 아프면 우예 살겠노.

나　　：(적외선)너무 많이 하는 것보다 30분 적당해요. 맞어, 병원에서도 10~20분 정도.

할머니 : 30분 딱하고 만다. 하루도 안 빠진다. 니 보내고는 하루도 안 빠지고 그렇게 한다. 내 우리 지은이가 보낸 거 다 하면서 만날 끄집어내면 그런 생각이 든다. 고마배서 그래, 할머니 나순다고 보냈구나 하면서 꼭꼭 한다.

갱상도

말이 빠르고, 목소리가 크다 보니 말 끝을 흐리는 사람들이 많은 곳

따뜻한 아이스 아메리카노 같은 곳. 무뚝뚝하고 차가운데 가끔 어딘가 엉성해서 웃기기도 하고 정겹고 따수운 느낌

처음 만나면 '나랑 싸우자는 건가?' 싶을 정도로 말투가 매섭게 들리지만 여러 번 만나보면 묘하게 정드는 동네

'외강내유'. 굳세고 단단해 보이지만, 속은 참 부드럽고 따스한 곳

낯간지러운 말 하면 총살당하는 줄 아는 곳, 겉바속촉

남자는 세 번만 운다며 강하게 키워 감정 표현에 더욱 서툰 곳

어르신

나를 알고 또 같은 언어를 쓰는 사람, 가장 많은 잔소리를 하는 사람, 그래서 종종 상처를 주고 또 상처를 받는 사람

단둘이 있으면 불편할 때도 있지만, 또 그들이 없는 삶은 상상하기 어려운 존재

무뚝뚝하지만 두 손 가득 먹거리를 나눠주시는 분들, 밥 먹고 커피 사 먹으라고 주머니에 만 원씩 몰래 넣어 주시는 분들

무턱대고 반말하는 사람은 손녀 같고 예뻐서 그랬던 것

삶의 방향을 제시하는 '나침반'

단단하고 작은 존재들

잔소리

듣기 싫으면서도 그 자체로 의미가 있어 마냥 끌 수는 없는 '알람시계'

재그럽다, 벅벅 긁어 피딱지가 앉으면 또 벅벅 긁어 어느샌가 흉터로 자리한 말들, 분명 기억할 테지만 애써 기억하고 있지 않은 흉터, 질리고 넌더리나도 사랑할 수밖에 없는 것들

당신께서 살아온 힘든 세상을 젊은이들은 다시 겪지 않기를 바라며 건네는 진심 어린 조언과 사랑

대부분 옳은 소리라 더 듣기 싫지만, 기왕 들어야 한다면 서로 기분 좋게 들을 말들

꼰대와 한끗 차이, 들여다보면 애정이 담겨있는 말

관심이 담긴, 상대가 더 나은 사람이 되고, 더 나은 상황을 맞길 바라는 마음

그때만 해도 봄이었습니다.
걱정한다고 건네는 말들마다
왜 무뚝뚝함뿐인가 싶었습니다.
우리는 왜 봄바람 같은 말 한마디 못 해줄까 싶었습니다.

젊은 층이 모여들었습니다.
청년 일곱의 열기가 여름보다 뜨거워질 무렵
가장 애틋한 이의 목소리부터 기록하자고 했습니다.

잔소리인지,
잔정의 소리인지
어디 한 번 경청해보기로 했습니다.
어르신의 한 마디, 낱말 한 글자에 집중하는 동안
가을마저 온통 물들어갔습니다.

겨울바람을 문 앞에다 두고
작고 단단한 책을 펼치게 되었습니다.
그렇게 네 번의 계절을 목격하면서
그런 춘-하-추-동을 무수히 겪어냈을
어른들의 염려가 조금은 이해되었습니다.

저 깊숙한 데서 불어오는 따스함이
비로소 온몸을 휘감는 지금,

지금만 해도 봄입니다.

책임편집 박주연

사투리 안 쓴다 아니에요?

젊을 때 읽어야 하는 경상도 어르신 잔소리 사전

초판	2021년 11월 25일
발행	2021년 12월 1일
지은이	곽미소, 곽지혜, 박규리, 양다인, 전경신, 정소현, 조지은
지원	대구청년센터
일러스트	정세인
펴낸곳	도서출판 여행자의책
출판등록	2021년 3월 2일 제2021-000005호
주소	대구광역시 동구 불로동 1000-51
전화	053-219-8080
이메일	2198080@naver.com
블로그	blog.naver.com/traveler_book
인스타	instagram.com/_traveler_book

ISBN 979-11-976330-0-3